AF185870

Ulrike Draesner
für die nacht geheuerte zellen

Ulrike Draesners Gedichte handeln vom Alltag, von Liebe und Natur, von der Stadt. Sie spielen mit Formen der Dichtungstradition, verwandeln und erneuern sie. Vergänglichkeit und Liebe treffen auf die Möglichkeiten der Reproduktionsmedizin, intensive Bilder entstehen im Schnittpunkt zwischen Alltagsbeobachtung und naturwissenschaftlicher Metaphorik, zwischen Meditationen über den Gegenstand und dem eigenen In-der-Welt-Sein. Das Staunen über die Vielfältigkeit dieser Welt und ihre Gesetze, über ihre Vergangenheit und die abenteuerliche Zukunft der »schweren Körper« in ihr, setzt sich um in eine aus Rhythmus und Wortklang kombinierte zweite Stimme der Gedichte – eine Art innere Musik.

ULRIKE DRAESNER, 1962 in München geboren, ist eine der profiliertesten deutschsprachigen Autorinnen. Ihr Werk umfasst Lyrik, Prosa, Essayistik, Hörspiel. Für ihre Gedichte und Romane wurde Ulrike Draesner mehrfach ausgezeichnet, u. a. mit dem Usedomer Literaturpreis (2015), dem Joachim-Ringelnatz-Preis für Lyrik (2014), dem Roswitha-Preis (2013), dem Solothurner Literaturpreis (2010) und dem Drostepreis (2006). Ulrike Draesner lebt in Berlin.

Ulrike Draesner
für die nacht geheuerte zellen

Gedichte

Sammlung Luchterhand

soma-ma-tische träume

(feuer)

jemand gab mir feuer
das ich gar nicht wollte
was sollte ich damit
(mitten in der nacht)
und ich rannte herum
in den autos saßen menschen
ihr atem beschlug die scheiben
die autos standen am straßenrand
und ich rannte um es
wieder auszublasen das feuer
bis ich einen schwarzen lichtschalter fand
in einem hotel am bahnhof
eine lampe schwankte um ihren arm
ein vogel pfiff (nacht) und das feuer
knisterte hinten (oder war es nah)
im umspannwerk ich hatte es doch
gelöscht im takt zzzt zttt zzzt knisterte
mein limbisches hirn
eine entwicklerwanne das dumme ding
und der vogel schrie sein zzzt zttt zzzt in die nacht
wo das feuer manchmal sich
kleine vögel briet es
roch überall die anderen
sagten dass das der frühling sei
das feuer spielte blitz
und war ein baum
dabei wurde es lose (mein hirn) und
ein hotel mit schwarzem lichtschalter
als ich

darauf drückte machte es pscht und tscht und
dann immer heller zzzt zzzt zzzt
sprang vom hirn in den bauch
der kleine vogel briet
jetzt roch ich auch
dass es (doch) der frühling war.

leipzig, märz 2000

kontaktlinsen

es war so: hell
die augen tränten ich stolperte
die bäuche überall readers' digest
im wartezimmer schrillendes: *optometrist* und
augapfelhaut gelb geädert die tapete die wand
tappte, ich, durchs dunkel zwischen bad und bett
brannte, ich, ja doch,»noch ungeküßt«
sie vergaßen mir zu erklären dass die dinger
verrutschen zwischen glaskörper und lid
tastend, tränend
mit fingern, weit aufriß, ich vorm spiegel
die linse dieses kleine grüne boot
mit all ihren bildern schon durch mein gehirn gleiten
sah –

puhlte sie raus
setzte sie auf die fingerkuppe
und saugte die bilder von ihr

glasbau, die schenkel

glasbaustein, etwas ansehen
gehen, im bad, rubbeln, abziehen
etwas lebendiges ansehen gehen
in anderen sprachen, im bad:
wachs an den beinen, bienenbänder,
wie wesen? ein ratsch –
brennendes bein. die einzelnen
haare, krumme fühler
am band (was für musik
wäre das mit den kleinen
wurzeln und knoten
in alle richtungen
gedreht?)

doch jetzt, abgezogen,
im siphon, in der schwemme,
wesen, stumm. mücken
des verschlungenen
(nichts): knoten, wie
werden + sein. glasbau,
die schenkel, endlich
gespreizt. *werden.* nicht
nackt, nicht gedrungen.
jemanden mögen. mücke
und spinne am blühenden
glas, das eine nackte,
das eine behaarte

bein. jäger und
beute. ich mag
dich sehr.
etwas
sein.

zungenverschlag

wohin sollen wir reden,
soll mein zögern an deinem hals
nichts al s/ein dauerndes zappen
se/in?

im ganzmenschhelm, mit magischer
paste bestrichen, von innen
heraus?

palm. das innere einer hand. wir haben
dafür ein wort. handinnenfläche, wir
haben dafür uns, pariert, ein verkettetes wort,
die helle stelle in deiner hand. mai, päonien
: entkehltes licht. sturzbäche, haben wir,
die.

frühsprachen

die wiesen wären rot, die zungen grün
grün das blut, die bäume rot
gesichter vor freude grün,
rot bei übelkeit, rot
der schimmel wie die wiesen,
geriffelte schlünde grün,
kupferspanrot die ampeln,
wenn wir führen, rot
die wiesen, der schleim.
laufschriftbänder grün,
wie früher die wiesen,
die rot wären,
wie früher
die zungen und gaumen
wären deine grünen augen
rot, ich rutschte hindurch,
fingernägel wüchsen grün
wie blut, grün
die farbe des zorns, grün
bedeutete »herz«, unser schleim
wäre rot, rot
wie hinter den ohren,
glühwürmchen leuchteten grün
adern unter der haut,
die grüne lippen berührten,
brennesseln wären rot,
wie die bereitschaftslichter

der geräte, die grün wären, da die
wiesen rot wären, als wären sie
zungen gewesen, und der himmel
wäre noch immer blau,
wir gingen aufrecht,
du wärest hier.

du mich nachts
(russisches brot)

leuchtete ingwerrot
der wald wie pfefferkuchen
du mich alpha mich
russisch durchs bett

: peredelkino
wie du mich anrauchst,
auf frauenschenkeln, ansiehst,
eine treppe hoch, holz,
durchwuchert efeu deinen mund
flüstert vor der
vergangenheit her
wer ist schon frei,
wann paßt das schon ineinander,
dein schädel, der meine,
wird ein grellgrüner frühling
wie du es meinst
durchtauchen auftrok
knende ränder durchdurch
schlingen langsam das
löchrige kissen, den schweiß

: zwei unterholz
krücken tasten die treppe hoch,
russischer heißt kuchen heißt
auferstehung, unter krusten pulsen

100 augen, gedämpfte, sagt der koch,
essen hier alle oder *schto*
ist zu klein, um nicht
wiederzukehren?　　*ingwerrot,*
wir ineinander: lamellen
säbelt sprache an birken
　　　　　leuchten wie pfefferkuchen
　　　　　im friedhofswald lippen
durchs gebüsch sind wassilii-
kissen, geriffelte wolken
durch den verwucherten garten
klirrt altes fensterglas

　　　　　　　: gowarit tolko o smerti,
lungenerholung, gedichtareal,
schläft im gutshaus ein sich
aus sich bewegender mund
wer hört noch, wer was?
sieben jahre alt, tamara,
ihre traumgerollte hand,
wie ich mich sehne,
ihr gekräuselter mund
die verschlungene letter
　　　　　für ich: *ja*
　　　　　sage zu dir: *ja* ich
habe ihren schwarzen nagel
gesehen, erde, sie hat
erde gegraben, die kinder haben
tannenzapfen gesammelt *ingwerrot*

als sie die strumpfhose auszieht
als sie lacht leuchtet
in kreisrunden löchern
durch ihre schenkelhaut
der wald

> *: on tolko i tolko on gowaril*

o smerti das gewächshaus leer
fressen die hungrigen dichter
stengel sie stalins poetenhausse
datschenheim (oder wie zäh kann ein mensch)
bis heute sein kopf mit gesicht
bespannt in moskau vitrinentief
schatten der die träume der lebenden
verwirrt ragt am kopfende aus dem grab
ein rostiger stift kehrt im tod zurück,
rot und kalt jeder körper,
hör ich pasternak sagen, läuft
einer dem anderen hier   läuft
                                                ingwerrot
laufen vergangene die haut
                                        hinauf

alles leer
treppen und holz,
über das keiner mehr geht,
nur sie: eine ration erde
unterm nagel, nur
tamara, im traum,

ihre zuckenden augen
ein kyrillisches *schä*,
der sechsgliedrige leuchter,
um mich deine arme geschlungen,
russisches brot, als du
mich in dieser nacht
die wir in luft auflösen
uns drehen als stimmen
stimmen uns durch
den ort

       : peredelkino heißt
nichts, sagst du,
dieser tackende
sterz, dein lachendes
schach, als wir voreinander
stehen, taxi, ein abschied,
keine sekunde vergangen,
als ich, brot,
dir die hand gebe,
nur den finger,
nur die spitze
des nagels,
schießt auf

      in meiner brust
    wie pfefferkuchen rot
die erinnerung, der körperwald.

parzival

        siebende
        schiebende wirklichkeit
salzwasser brackwasser birke
+ leckender see, süßwasser +
salz + birkenfisch brackspur
salzsee + wolke
die leckende sphäre des bauches
hautfetzen, gerupft, gerafft
wie feuer oder flug
von zeugen auf erde,
schotter, kies also
rutschen, in denen
wir träume
als schatten von
erde sagen wir wolken
und eben gespiegelt
als schichten
(wollen) +
        gesiebte als   :
        geschobene winzigkeit
                wir   : +   mittenhindurch

für w.h.

london, spring

I

soma-
ma-matische träume: ich seh dich,
springvoll die themse, in london
vor 100 jahren in london dich
tulpen kaufen gehn zwei lippen
in der station spielt jemand tuba, tube,
wie sie sich biegen, die verschleierte frau,
ihr stummer begleiter, die schwanenhälse
(geschlossene tulpen) seh dich sie sehen
zwei weiße lippen : heftiger spring.

II

ana-
to-tomischer nie gewesen
stakst am phon mich
dieses frühjahr frugal durch
alle kanäle vor 100 jahren
zwei geschlossene fliederhälse,
zur kehle geknüpfte kleider
hängen sich lange tulpen ins ohr
quillt durch die muschel
langsam
eine art torso,
die art eines flügels
an & hebend

                    kubus, inkubation
deiner stimme am fell
15 sekunden pro einheit,
zwischen den röhren sich
regende züchten, sage ich,
weiße syringen diese hände,
komm, im brustkorb singen beten
mit lunatischem lallen ja,
gefülltes lungen-lecken, sagst du,
sofort & fort stimmhaft
wir miteinander bilabial
oder in welche leitungen gedreht

stadien, stationen: seh dich
durch london gehn,
15 sirenen per einheit per zeit
scheinen die knochen von morgen
durch kabel, dunkle, von heute
oder in welche unersättlichkeiten
der verdrehte hals, zerfetzte nachtigallenhals,
meine dich suchende stimme, ruft *bülbül*
dir nach: *das rückwärts gerupft,*
seh dich es hören, stunden später
inkuba-sta-station: aus dem apparat
meine sickernde zunge,
zäh und nah:

weiße syringen
gebogene hälse
hier noch sprechende
in 100 jahren
werden wir sein,
palindrome eines
beinahe vergessenen
spring, werden
als tulpen, als flieder,
zwei lippen sein
         flüsternd gemeinsam
         gegen das imaginäre.

für t.g.

megasex

kurz geronnenes stück (sperling
übern zaun) draht steht, sonne sirrt,
zug braust, *and lara rides
the tomb* (federn fallen über
mauer weg) petting or pershing
sperling or greifer do ut des
zug schnell, weiche springt
übern zaun der blick
kommt kleines

                    kurz geronnenes du:
barbie pink an bonanza-jo. sunkist
flippt im känguruh, flipper lassie daktari
enid blyton papagei frißt sperling
auf (da staunt der geier, was!) übern
zaun sekunden weg, aus hitze
scheiben steigt es auf: das lara-
cyber-bustier, die riesenlust, und du
(ut des) unterm mangofes, im fanta
schuh (do ut des) mankofest hüpfst
(übern zaun) in die tuchscreens ab, touch,
touch schreit der papagei im buch, im bauch,
: ich auch!

falkisches, völk-

die helix gewölbt, archaische gesten
(die uns verlassenden tiere) – genomt
zu euphemistischen fallen als
schwaden des »echten« vor rastlose

augen gehängt, willst sehen? gekauert in
unsre enzyme, unlotbar, gründe,
einsam wie der macker am glas,
male ritzend ins mark der blinden

flecken der chips? schlüsselblumen etwa wie
-beine ragen gern in teiche taumelnder
nähe zurück *ich zoch mir 'nen ...*
versuch einloggender landung am

genetischen see, diploides bildpooln im
ewigen anlangsee dieser staunende
zustand: golgi tartarisch gehißt
die plasmatischen regalien im

beuteregal: G-C/A-T spielen pneuma
und spross grüßen den general am rand
wölbt sich gallertige spulung –
mentalasbest, endlich neu die armee

falkisch verklebt wie geklont ihr habachtich
die daraus wie ranken vergeblich greifen
den die gene-a-logischen arme

brust, brut

knatternde einsamkeitsautomaten:
wie schwäne, zwei, überm see
fallen herab klirrende birken
gerutscht wird auf zähnen nur
östrogen reinigt die vergangene
steife im englischen garten:
märzmasse dringt
ein –

du mußt durch den fleck
zwischen welle und schall
schnell wie licht
aus dürrem gras vor
dieser tür: fleck zu
nah für dich zu fühlen
für mich was an deinen
füßen hängt welche hände,
kerne du ausreißen wirst
von hinter dem glaskasten her,
der dich umschließt, in dem
du immer stehst, am
grit der sprache
gerastert die brust

doch das ist nur eine unter
richtung, ein zellball im flug
an deinem gesicht vorbei, im zwischen

raum verletzen auch flocken,
und wir, nicht weil wir wärmen,

können jetzt dorthin oder dorthin
aufbrechen, flach und plötzlich gefiedert
trocken auf den hellen zerbrechlichen
schichten

eier über plättchen (reden) gerollt,
es muß noch immer winter sein, dort,
nur ein zeichen steht für erlösung
milch schießt von selbst ein
                        am ende der brut

assorted sweets

möchtest *echsen*?
willst bei mir sein?
auch starke schlangen hängen manchmal im baum.
die python getötet, der makake krank. »indien«,
»in deinem kopf«: *assorted sweets*. rosa fische
fressen die in den teich gehängten teller
ab. automatischer spüler – verliebtsein,
»heimchen« und »hahn«. die rille
geritzt. der leguan tastet an
der wand. zerbrechliche fräsung
im bein. der leguan
ZIRPT. »wie indien«.
verknotung von sein und nicht. zungen
strecken, rollen, wandern
zunge schnellen, im baum, fressen
und sein. echsen. »wie wo«?
wie in menschen, wie wünschen

zwei äffchen in eindeutiger position. photon,
positron. auf dem foto nur das spitze, kolibrirote
der zunge zu sehen. gespalten. aufflatternd – davon.
wie »reden und sein«.

du und dass // nüchterne speichel,
                gebraucht

am morgen,
die in den teich gehängten
teller leer. *sauber sein.*
wir essen davon. auch der leguan
leckt. tellerreusen, blitzend,
in der sonne, im gras. die drähte
sirren unterm gewicht der python,
die lebt.

luna matutina

unter dünnem pollenstaub,
den staubschirmen, den naturbestäubungen,
dem stempeln, menschlichen strampeln, im rufen
der chlorophylle
               der trancebegriffene rachen,
in der pupille sein gezackter spraynelkenrand:
auf bootssteinen im schlaf, auf den steinen im
traum, ein fernes booten im wald:
               im sirren der schimpansen,
schrill, hell, hirndraht, springt es
geflüstert von stein zu stein:
               wodili, wodili
in allen augen, den animalischen,
das auf- und abgehen des monds,
von gestern auf heute, von gestern auf dich
wodieli.. wo die lie..

**rückkehr, doch amphibisch, die augen
im flugzeug, gewalt**

von einer reise zerrissen:
schneepropeller, in flocken ge
renkt ver
aus
gabt
nehme ich in kauf
e nichts, nur im flachen
begangene
tat:

wo
läuft man ein,
wird weiter, wie? spreegang,
faserblick: du. an mir.
radartürme, 1 jahr abwesen
heit das »eigene« bett
wie hotel: »da staunen und
fallen die finger von selbst übereinander
her.« wir brüllen uns an. wir
sind stumm. wir starren
und sind. eine blaugesprenkelte iris
einzeln, verwundert, über
den teppich gerollt.

: um
risse, nacht. die kehre der
straßenbahn am platz. ihre über
das laken treibenden lichter, die
wiedererkenner, die kehren
im kopf, leuchtröhrenarme
und gebogene knie: türmer
gedanken. doch wer, da vor dir,
sieht aus, wie ich, und sagt
i'll eat my words for you.

am morgen schlierig, fenstergrau
im schatten der griffe
ein pelziges mikrophon
(der ansatz einer brust)
zwischen lachen + ich:
                tierblick, mundschleim
betrachtet die ankunft den
regen spiegelnden, den rege
spielenden, den rege sich
vorspiegelnden platz. das hotelbett
knarrt. eine kamera knipst
sich an. radartürme, ferne zeiger,
stehen nah.

pissblumen

pflanzbare namen, die zunge der schiffer geknetet ins netz.
hündisches. einsam verspritzender sand.
flutlöcher. nadel ertastet gesteine gehirn. tastbare.
knopfdruck in flügelartiges: zwillings

haft. aufgespreizt. gebahrte gebrüstete flocken. lichtsaft. sie
lüster gewesen sich tief in den schnee.
knisternder tritt es aus dem körper: bei ihm eine scheibe, bei ihr:
stangentief, gesprenkeltes hält sich an

der hand. gelber phallus aus eis, erstarrt, an ihr lutscht er, sie an
ihm, jeder das andre geschlecht. kommt zur
gleichen zeit, einem fernen ort, heiß, er die straße herab, sie,
die begebenheit voll vertiefungen,

leer, gedankenversunken, und sie, die nicht spricht, langsam
                                                  schwappend
in wässrigen feldern, im reißenden,
haut. mikrophonetisches knistern, es könnte auch weinendes
sein. körper. eben. die hunde heben den kopf.

diese schmelzenden flächen sind wir. schön sind wir auch.
morgen lassen wir uns vergessen.
pissblumen gewesen. namen, geschissen zu schnee.

bläuliche sphinx

(metall)

lied im bauch

schmerz; das sind die geschabten wände
im bauch
        – leer geräumt, stillgestellt,
in allen muskelfasern, in allen fasern
fehlt das kind –
        im bauch. es gelten die gesetze
der reproduktion, sie machen geräusch, die
küretten, sie saugen sich fest
im keim, im dezember
        – im bauch. krankentische
klappen herunter, weiß und geschabt, die
gesetze der hygiene gierig
sitzt der stöpsel im rücken der hand
        – rotes
plastik und trinkt. was aber heißt
»wolke«)
        würzelchen, du.
auf dem gang wird gesungen,
geschrubbt.
        äste schrubben das fenster,
die nacht. tritt herbei, zur wanne,
zum heißen wasser
        – im mensch.
der weint; in allen fasern mißt
seine weite (im auge, im herzen)
allein in der nacht,
        vermißt

die kleinen buchten, das kind.
                die eingebogenen
finger zur kehle wie
zum singen gereckt
                da, an der wand
(eine wolke erst) bläuliche sphinx,
fragen –
                in allen fasern (allen
sprachen – sie klappen
herunter, sie klappen
herauf)
                mit dem spiegel
der abgeschabten wand (die äste
am fenster) ungestillt.
                fasern. auf stille gestellt.
doch hungrig, doch ragt
aus der hand der stöpsel
rot, ein leergeräumter mund
                – unstillbar, im mensch.

op
   (narkose,)

morphiumbienen
ihre gelbschwarzen streifen
ein glibbriger klacks
in die arterie gespritzt –
schon hebt sich ein haariges bein
senkt sucht (so sehr behaart)
(doch ohne flaum) ein zweites
(als wär es bestäubt)
das den steiß umschließt
den ausschießenden kopf,
morphiumbienen,
narkoseschwämmchen
tunken uns ein.

sie spritzen dich mir
zwischen den beinen
aus, kind, blümchen,
»nackter strand«, je nachdem,
es spult sich ab,
in uns, wo »du«, strang
faser riß, als »lila licht«,
vielleicht, »dereinst«,
auf einem hügel sitzt,
»in diesen regionen«
pronomenlos
ein paar, unten, am strand

das dich wiederzeugt
während du
honigkugeln rollst
oder elektrizität oder gedanken
in der biene, in der spinne,
im lichtlosen see.

angehn
(missed abortion, aushub 80 gr)

abtritt auftritt anlauf
ständig aufge
                    sogen abluft
anlauf anlaut durch schwimm
bälle ein
                    aus
atem durch an den arm
getackerten plastik
schlauch erscheinung
gezittert die
liegt auf der hand
mit verkrampften fingern
vorm gesicht, halb verdeckten
pupillen umwachsen von
dunkelgrün wie seen singen
für die nacht geheuerte
zellen dir nach.
aber kein gott tritt auf
nur dieser elektrische
schlag an der nach unten
geöffneten schenkeltür, vertrocknende
noppen, flackern, flackern,
im absaugwind
zwei ärmchen
an einer schüssel
                    voll schlaf.

(ultraschallkontrolle,
kurz danach)

glaskammern sind
wir. stehen im
bad. funkeln
und sind. licht
bricht, die tür
schwingt. splittert
und steht. glas tut,
was es kann. im
screen schwimmt
eine erinnerung. nur
blind. ein rauher sack,
die luft. lagen von haut
auf dem gesicht. etwas
zittert und fragt.

neu und alt gewußt
(am tag darauf)

wir haben doch den herzenssumm
im garten stehen, kirschen essen,
kindlich und froh

wir haben doch den herzenssumm
amseln im gras, hände
streicheln   spielendes licht

die summe am ende wartet still,
streichelt uns – und hat ihn
doch, den herzenssumm, in uns
                und kaut die kirsche, still.

(in der siebten nacht)

im traum gehen die hügel
von mir weg. sie sind
meine brüste. im traum
verliere ich was mir wert
kommt mir abhanden
die kerze, der rosa strumpf,
schlüssel und schuh. ich werde
pilzsucherin. ich gehe
ins feld, mit einem korb. vor mir
buddelt ein schwarzer hund.
heimlich über den rand eines hügels
gebeugt, sehe ich ihn, er gräbt
trüffel aus, das gelände ist dunkel
und roh. in weiten maschen hängt
mein roter pullover mir über den
bauch. eine warme hand legt sich
auf mein ohr. mein körper kommt
zu mir zurück. reißverschlüsse
schnappen an mir auf und zu.

(in der achten nacht, traum)

sah sie ein
tampon einschieben
eine kleine weiße figur
eng gepackt wie zum fallschirmsprung – ein kinderfoto
erschien – die kleine als fliegenpilz – jemand drehte
den knopf – zitternder zeiger über leuchtendes
senderband – gehirntakt einer mücke beim
flug übern libellenteich.

das glatte. das gekerbte.
das glänzende, innen, in ihr.
propfverschluß. blutung nach *missed
abortion.* überm band phosphoresziert
im ultratraschall der zeiger
weiß: *follow me
follow me.* weiß wie ein zahn
liegst du in meinem bauch

und schläfst.

(am morgen)

… und weiches.
mit der schwarzen beere
im maul. wolltest
die welt nicht sehen
ihren leid
ihren schmerzens.
doch zärtlich sein
(brennende bäume, kind,
die käfer,
sind liebes, darin)

dir, mit der schwarzen beere
im maul

ich frage dich, wer wir sind

(beim verlassen des krankenhauses)

kind:
knallorange das plastik
rettungsfahrzeug,
zerhacktes holz, der fernsehturm
blinkte tag und nacht. frühstück im
bett. rot leuchteten die backsteine,
akanthusblätter, aus stein.
eine embryowolke zog vorbei
(deutlich der kopf, der schwanz,
dein herz). silbrig
frieren/schmelzen
schneegraupeln
im kies.

es ist braun grau grün und
weiß/lebenswasser ist es
gefroren
geschmolzen
          so
fort

          schnee
und er leuchtet
wie grind

du

(drei monate später)

siehst du die wolke hoch oben, über der amsel, die saugende
sonne, daran? hörst die baumbüschel, die mistelzweige,
siehst die nester im leeren geäst? ringsum geht die zeit. hier
und da schneit es uns. auf die erde, als seelchen, im rock
des körpers, und froh. zwischen den blättern, siehst du,
hüpft es im schnee, blinkt dich an. ein cyberjuwel, auf
dem gefieder der amsel. kristall, leichter als schnee.
die sonne schleckt daran. es summt. es sirrt. es ist
fiberglas, wie unter der erde, rot, wie in einer wand,
mutter, in dir. wie du da sitzt und denkst: du.
dich drehst, wegdrehst, suchst, nach dem ast. er pocht
dir in der hüfte, unter der jeans. lied, das da sirrt. ich
bin so leicht, als kleines, weggegangen, von dir.

du hast es gekauft. zwei goldfische schwimmen darin. grün
wedeln die arme der algen hinterher. immer in dieselbe
richtung schwimmen die fische im glas, im kreis. ihre
schwarzen augen sind wie der mond. auch er hat
eine seite, die ist unsichtbar. das glas steht in deinem
bauch. du siehst mit der ader zwischen hüfte und

scham. ich schneie als winter ins zimmer hinein.
du lächelst. der mond, unsagbar, im zimmer drin.
kleine orange sterne schwimmen die fische um uns.

die wolken spielen tiger

(wasser)

registrierkasse

graugrün sitzen die enten im baum.
ich trag ein bustier, aluminiumbedampft,
aus geflochtenem bast. graugrün sitzen
die wolken dahinter, lautes silber
atmen die bäuche der fische. im garten
schrillt das telefon. wasserwacht. der
see, algengrün, scherben, randvoll.
gestern, die russen, sprangen hinein,
schnitte rannen rote scheitel durchs
wadenhaar. eicheln prasseln herab. die
enten fallen vom baum. gegenüber leuchtet
die villa, leuchtet auf. bojen, wie
atmend, ein sprung, der see. fett und rund
sitzt der mond darin. lücken zischen
an sträuchern, büschen, bäumen vorbei.
der strichcode der marmorbalustrade
scannt knochenlicht ein

wannsee, sommer 1995

bombig

ein kleiner weißer hund
er sprang sein kopf er stak
im gitterritz der hund
er jaulte nicht er war aus blei
ein schlägerstück der hund er
kam so glatt im wasser an erschlug
den bootsmann fast ein hund
dient zweck er biß uns nicht
wir nahmen ihn und putzten seine
krallen aus – draußen schries: die töle
was die frißt und kinder hungern hier! –
doch der hund er schwang so schön
er lebte lange noch das blei fraß
ganz der schwarze markt es machte uns
nicht reich nicht arm der hund
er kam und ging nicht fort
wir liebten ihn, und uns nicht sehr
es war die hundezeit er steckte
unsern kopf in den geländerritz und
sah uns nach wir lagen strack
im bootsmannssarg die hundehymne
spielte uns wir waren froh
und kalt es war ja nicht
das erste mal die pfote knirschte
unterm zahn wir fraßen fraßen
menschenfleisch.

s-bahn

zweifarbenpolster, tarife a und b
die ost-west trasse nicht verschweißt
ein vergessenes geräusch wie die türen
schlagen lichtausfall: diese verschalung
vor 30 jahren küchentisch resopal weiß
wiederholt sich unruhig stadt voller wind,
ein blonder kopf, geknoteter zopf,
in der küche über linien zu namen
gebeugt, diesen vergänglichen griffen
halt a, b, die nicht gelöteten
spuren der bilder, mühelos öffnen
sich die türen während der fahrt
schräge traversen, brache bekannte,
kehrt rot blinkend wieder, was ich nie
sah: verdunklung, sirenen, granaten,
unter den sitzen, s-bahn berlin, rundum
über die polster schwarze buchstaben
(hunde?) von einer unsichtbaren
hand
　　　　/: die uns streut

bahn übern bogen
(savignyplatz, berlin)

blinkt
bar & busen
blinkt
buntgestreifte domina
stellt sich
auf,
auf: die

straßen ohne regung, rollen
lippen, licken, rollen
schwarze strümpfe über
hüften, lippen

warten ohne regung: straßen,
lecken krusten ganz
im strumpf semipermeabel
schwarze linien

blinkt,
was ein gesicht
war zwei brüste,
blinkt bar &
code: sie

wechselt das standbein
stumm gleiten passanten

die blicke ab rattert
bahn übern bogen

polster, plüsch nebenan
café hegel, happy hour
schnippt der kellner
reich wie runter,

lallt verirrter GI
von glimpses & glucks,
sie den stiefel
hoch die hüfte

         vor: die
taxifahrer reden ost,
was fakt ist ist fakt,
take-away an der ecke

riecht wie nasses papier
pope mit geschlossenen augen
steht sich, madonnenbereich,
beine in den bauch

rattert bahn übern bogen,
handschuh, glatt, weiß, zeigt
kahle büsche voller kameras
schwanken klicken los

richtung
kant-straße
rollt
der kindische geist von
professor savigny

leise kichernd dass
er et
      -was verg-
essen hat

      hunger was
geschichte war
scharfe eß-bahnen
      (& wie er da lacht)

blinkt
vom pappteller
in seiner hand
unleserlich
blinkt
ein chinesisches
zeichen.

für m.s.

»deutscher herbst«

20 jahre später, kopf fährt aus
bibliothek, auf rutschigem eis
en, eisige brücke, eisregenschnee,
nur im untergrund kann man noch gehen.
zwischen bahnen und bildern
zigaretten halshell. sumo-ringer-
plakat. generation ohne zeugen.
no generation.
sum, sumo, fremdsprachiges fällt
nicht mehr auf. hakenschlüsselbein,
stilettoblick, fotofrau west
sitzt mann auf dem schoß,
kurz vor dem schrei. attentat.
generation bedeutet kapselzeit.
im glas schwimmt der klon. ringer
in sitzhaltung, doch ohne
stuhl. als wäre die luft ein halt.
reißt die arme hoch, steckt
fest. gefangen in werbeblau,
wasserblau, blau erstarrendem
fleisch, ein torkelnder torso
der bojenmensch. the power of now
heißt das bild. sum, sumo, surrt
die untergrundbahn. lachend sitzt
die frau darin. die scheibe
schmilzt in die komplexität
ihres gesichts. ein

einzelner schuh zappt
die linie des bahnsteigs
entlang. der andere
euphemismus
sind wir.

enteisent

die signifikantendurchleuchtete
halle, der schädel
balzlinien über
wasser / im
behelmten over
all der zeit, mit der
halben glückshaube
zahnlos zur welt – – und zurück.

wir gebären stochastisch.
wir leben in nummern.
zähler sind wir nicht. wir
knallen voran.

slagerswinkel

muntplein die grachten sie fließen
von form zu form, nichts steht still
sie schmelzen wie *jij* und *je*, die festen begriffe
wie schleusen formen sich und gehen
fort. *blinde vinken,* gerollte markisen
anläufe, anläufe, bald strüppt sich
der schmerz. er ißt *spijs,* nordlicht
flackert, weit zerwühlendes, weit
geöffnetes, der himmel, der nach
menschenfleisch riecht, der bauch
eines schiffes, fängt überm boden an,
weiße fäden spinnen sich in
die stirn: bodengewinnung ijsmeer,
am ijs, kleine kerne von
surinams baobab
     und die *wie singenden* zähne der gracht.

für g.m.

visby

die wolken stehen schaf
raukar wölben winde auf
im monitor läuft die fahrspur
vorbei. raukar sind harte kerne
von stein. schmetterlinge taumeln
von fleck zu blatt, die feuerwanze
zeigt ihr augenkranzmuster,
hebt das orange bein. manche ziehen
purpur aus der erde, vieler sommer
saft. die wolken spielen tiger
und steigen herab

hiddensee, südstrand, die kämpfenden vögel

ziehst
im grünen rock, mit den bauchrollen (du)
das gelötete haar zum nest gesteckt
zellschlaf, ziehst,
langer traum, ein
kleines mädchen, leptosom,
mit gereckter kehle
an einer leine weinend
(rollend
rollen probend…) hinter dir her
               – über den strand
               die schrift, lotophag, auch
               die und die nackten beine

schau(m)ich

schwanke als person um eine schnur.
sinus/minus. überall seile gespannt. boxe
gegen verwischte fußspuren an. treidle an der doch-da,
nie-da, ich-mag-mich-doch-lanke leckes boot

im alkalischaumstrom. *this is my little rosens
kill.* »oberfläche des daseins«, schminkrosé. wie
ich mich verhalte. alkali des ich. schaum. knock me in,
knock me out: mit löchrigen flügeln schnur

überflatternde, mit krummem schnabel abwasser saufende,
traniges murmeltierfleisch fressende, bitter wie
winziges gift sprech ich mit mir. liege
im bett, beine gegen die wand. geschlechtslose

latexanzüge rasen in die sinusberge
des lebens ein. oben/unten alles gleich
hell. in der oper alle texte jetzt voll
automatisch verdeutscht. wer stößt mich,

wer zieht?, knock me out, knock me
in. teekessel pfeift. *i am my own
ravenhill.* wasserblasen steigen am filter auf.
stemme mich erschöpft gegen die wand

      die füße der einsamkeit trotten (vor mir) im kreis

wer a sagt, hat auch b

(luft)

meine lieben alpen, da sind sie ja
die täler, da sinken sie ja, seen
bilden sich, und was kommt aus den wolken,
                                    etwa wir?

andre rasen auch dahin, der horizont
kippt über den flügel, als wir drehen
im licht, eine fliege, über glitzerndem fleisch

so leuchten die hänge, grate und
schluchten, seltsam parallel, riesig,
steinern, die kabel eines ichs

(das aus dem meer?) sich faltete, eifer
süchtig, seither als sonic hedgehog in unseren
zellkernen rast? ach, wir darüber,

trudeln dahin. alle 100 jahre
stürzt einer in das steinerne ohr,
jede nanosekunde will die

zelle zu ihrem kern.
doch kern schweigt
kern schneidet stück

telomer ab, so altern
wir, so teilt er sich mit meine
lieben alpen, da sind sie ja weg

unten am see blinken
die madonnen pvc-geschäumt,
ihre gummiäste winden unermüdlich

die araukarien ins elektrische licht.

cadenabbia, september 1999

fliegt der boden davon

als wärs *meerbienenbesatz*
die hügel ein grauer persianer
kalligraphischer schnee
die felderlappen
dampfende bäume
schneestaubballons. dampfende
schlangen die dämmrigen straßen,
weit unterm luftauge gleitet der schatten der
boing über höhen, in mulden, blauschwarzer
stecker an transparentem kabel
über gefrorenem feld. *keep your*
seat belts fastened. licht fällt
vom horizont hinter den flügeln.
geschwindigkeiten addieren
und substrahieren sich. *fasten*
your ideas. im kragen des persianers
eine straße, geringelt, schlagader aus hügelhaut
(vom selben grau) (jetzt in der dämmerung)
wären da nicht, sausend, die gelben
frontscheinwerfer, rote rücklichter hingegen
kriechend. die straße gespalten. fetzende
zeit. die straße kriechend, rasend
zugleich. aufklaffend. die eigene bewegung
gespiegelt darin, unverhofft
schattenlos.

a, b, photon c

wer a sagt, hat auch b
reibt schnee seine hand gegen die scheiben weiße
gaze in alle ecken des abends gespickt.
hat die äste begriffen, rutscht übers foyer,
macht einen plötzlichen sprung. sieht die nacht,
rollt sich einmal ums haus, schläft ein.
licht steht spalier, die treppen hinauf, schnee.
gleiter-metalle setzen gäste ab vor der tür.

wer a sagt, hat auch b gekauft,
doch was wird aus c: es wird zeit
sein, die treppen mit broten zu belegen,
etwas bauen heißt einen wirbel zerhauen,
aber mit rahm und sahne beworfen läßt sich
gut leben katzen und andere fette tarnungen
als dichter bewachen die tür schwenken
ausgepreßte eichhörnchen im maul, dennoch,
sagt man, werden nacht für nacht,
motten, photone, aus dem haus gebracht.

in der halle gäste hin und her,
sprechen über dante und das meer.

tief im zimmer, das keiner betritt,
soft und dunkel, sitzt einer am tisch.
trinkt augen tiefer aus der schale herauf.
trinkt schwarzen kaffee, trinkt, worin

das eichhörnchen springt, könnte
das haus ein wagen sein, gezogen
an allem auf rädern vorbei.
wer a sagt, ist bald hinter b,
doch nur c geht durch häute hindurch.
in solch einer nacht gewunden ums haus
wie die schlange am äskulap krümmt sich der raum.
die zeit sie dreht sich im eichhörnchen um.

in der halle gäste hin und her,
sprechen über dante, beckett und das meer.

c sitzt im wagen folgt seinem gesetz.
oder ist es die stadt, die vorbeigezogen
wird? der weg nach z ist weit. im wagen
und außerhalb bewegt c sich mit c. hat das
eichhorn geschluckt. kräfte addieren sich
nicht. licht, sagt c,
ist der auspuff der dunkelheit.

in der halle gäste hin und her,
sprechen über dante, beckett sagte hummer und das meer.

prallt c im haus. durch den ersten
stock irrt ein schaf, von unten
ins fell geklammert sind hände
krümmt das alphabet sich
durchs vlies ruft je-
durch die nacht hallt nie-

73

mand, ein schrei, 2000 jahre alt

lehnt c spalier, die treppe hinauf, schnee.
nur die spitzen dächer sind zeugen.
als erfindungen hängen überall menschen herum.
tief in der wand das summen der kabel.

rast c durchs haus.

wer sich bewegt, läßt sich nicht sagen.
wer sich bewegt, läßt sich nicht sagen.

münchen, 1996

**sprechblasen geliebt,
kaugummis, eis**

ernstnahmen sind eine oberfläche
für etwas anderes. alle
oberflächen teilen sich wind
ows. subjekt + objekt windeln die
wechseln, wollten Sie sagen,
platz – also die windel getauscht
während sprachfenster – die immer
unruhigeren uhren, pulsen,
die immer fleischigeren maschinen

endlich auf: Sie sind jemand
em begegnet. greifen ein.
an der stelle des kopfes eine
physiognomische tasche, saug-
taste: *taste*!

namen sind festnahmen. hat das
jemand gesagt? was weich ist
will gedrückt sein zerdrückt
will es werden wird sie müssen –
hauchdünn die stirn,
kabel darin, sie kauern,
          sie kaun.

oxygen

rot, rispig, wiegend: eilig im sand.
er geht, ich komme nicht mit. pflanzensaft!
tunnelbeleuchtung, tief da, im sand.
höhlen im bauch, weißschnell, aderblau,
rotscheinende wände – saust er, der
sich wiegt, aus dem baum,
in ihn zurück, chlorophyll, transformiert,
schmelztiegel er: reiner stoff.

zwischen zelle und zelle, unsichtbare rispe der luft,
ihr kobold, stock des bewußtseins, selbst auf asphalt – sinkt,
stiebt auf, wirft sich ins grüne bett, das blatt, steigt
blauer dunst, in der ferne, wie es
wirbelt und trägt, sein zeichen, das O,
schaufelnder sand. meerperle, durch tunnel
gerollt. potzderblitz, der nirgends bleibt,
bohrt sich ins huhn, die alge, schmetterling,
mücke und kopf. gitter, falle, du schaufel
im moos. flügelschlaufe im unsichtbaren: du,
schweiß des baums!

wie du herumhängst, plierst, in den regen fällst,
schnaubst! nase, kehle, luftröhre, ohr. welche form
ergibt sich im schnittpunkt davon? scharf, eilig,
gewaltig, porös! gesiebt, wie von unten her,
aus dem baum: gestoben wird. pirol, pistoletto, storch!

grüner kuß, koller, du. schwindel im
kopf. flatternd, hinterher, am ende –
ein summen, aus dem bauch
– hinterher, taumelnd,
dann ich? atmend, atmend
ein   aus.

number 4, 26. april '86

wir gruben wir begruben
wir gruben wir begruben
wasch doch, schnell
wasch, du sitzt vorn,
hinter dir leuchten die proben
wir gruben wir begruben
wir gruben begruben
wir mähten
das gras, mähten den
weizen, das feld, mähten
die malven, mähten haar
wir gruben wir begruben
gruben begruben
gruben gruben
blau und glitzernd
erde in laken gerollt
den hubschrauber abgeleckt
blau und blech
gruben wir begruben
hunde begruben
wie erde wir
das kätzchen aus dem tongefäß
gelockt geschüttelt gelöscht
leise und auf natürliche weise
wuschen wir die hausdächer ab
wuschen die kühe ab
wir erschossen sie nicht

wir gruben begruben
begruben gruben
die erde nackt
die häuser den kindergarten
schule und hof auf dem fels
käfer sie krabbeln herein
wir begriffen begruben
kohl kürbis mais
in gruben, begruben
es war grün, es war gelb
die katze machte klick, klick
wie eine kleine pistole, sie rannte
sie fiel, erde rollte sich ein
zehennägel rollten sich auf
sie spülten den zug,
wir aßen das eis
wir gruben, begruben
wir gruben gruben
einer der hunde kroch wieder heraus,
klein, schwarz, keiner
hatte mehr eine kugel, 20
mann, am ende des tags,
wir stießen ihn zurück
blau und glitzernd
haare, hände, wimpern,
wir
gruben begruben
wir gruben begruben
der herd leuchtete ohne feuer

sperlinge machten die straßen
braun, laub brannte
nicht, den rindern fehlten
keulen und lenden
ich fliege mit hellem licht
es ist nicht real
es ist nicht irreal
es ist etwas drittes
gruben begraben
graben begruben
in den nächten lern ich fliegen
gruben gruben wir
lernen wie schnell
einer erde wird,
wir graben begraben
wir sind erde,
wir sind
wir si

zug
bremst, zug
fährt an, vorbei
zwei figuren im gras,
ländliches bild: er, sie,
bauschrock, rucksack, geschecktes *plaid*.
auch die im abteil sprechen eine sprache,
die man nicht kennt, bis einer
sagt: *RUCHSACKK voll narung.*
steht heraus, dieser satz
dorthin, wo man allein ist
weggeschlossen hinter glas
dieser eine
fremdsprachensatz,
und die eigenen flügel
als ob mit ihm
bewegt.

herr des dicken haars

dringend (geradezu brennend)
das scharren, das schaufelgeräusch
das krakelnde schurren
der füße am grund,
der vögel karmas am himmel
(»brennend«/wie nerven)

herabgedünt: ich komme vom feld.
so sitzt er da. der herr des dicken haars.
auf meinem bett. *auch leiber werden bestellt.*
aber doch nicht meiner? ich doch nicht! er lutscht
an seinem zopf, er funkelt, er kratzt. halt
mich fest, schrei ich, damit ich nicht fall.

doch diese nacht ist zu lang, erkenntnis
tollt zwischen den rillen im glas auf
dem tisch, er rührt, hält den löffel
(woher, wohin?), *gibst ihn ab,*
sagt er, sagen wir, sagt sein haar
saust in meinem gesicht, krakelt und

schnurrt. dann ist er weg. ich

koche tee. hebe den wassertopf
deckel: AZUR. azurdeckel (als wär
»himmel«) tastet mich aus, fleddert,
überringt. teeblätter kreiseln im glas,

affen in einer chinesischen schlucht,
springen, fliegen, von stein zu stein, pelzige

vögel, mit armen, die schnarren, krakeeln,
bis die felsen sprühn von ihren krkr und tztz und
japsenden schrein. im saum eines ausgedehnten
schleiers hör ich die entfesselte sprache
des inneren radaus. ich halte still.
ich bin azur.

winzig ist, was kommt.
stumm lagert es sich an mich an.
felder, »seelen«, abgewandt, wie alle,
von der modulation. *was er die himmelsvögel nennt.*

samurai shining

statt roter oder grüner männchen
balken die anzeigten wie lange noch
warten zum abstieg der roten reihe
nachtigallengesang pachinkomaschinen
vor den mauern des schlosses spien
zu tausenden ihre silbernen oder blauen kugeln
aus ob mit sprache gerade wände zu bauen
oder besser ohne sahen wir im turm immer enger
glänzende kästchen aus lack boote schalen
messer in vitrinen kimonos gewürz
regnete unterm roten schirm uns geküßt?
gingen essen nachts noch mal zum schloß
nichts als der turm hinauf jogger
alles geschlossen der mond schien
wie überall auf der welt aber in japan
fällt es besonders auf rannte jogger auf mich zu
du am tor merktest nichts ich
hatte das bild schon mal gesehen des turms
wiederholungen sind wenn matrix einen fehler
sie uns einschließen
im hotel sah ich *samurai*
shining kleine sichel auf meiner stirn

getrocknetes blut fein wie insekteneier
schorf wischte ich ab kein stich keine
verletzung keine ahnung woher

     delfine spielten
     die schwerter vorm schloß im gras

auch ameisen wären gern vögel

(erde)

gar in ultraviolett

als mädchen eingerichtet ungefähr
zu sein, was sprache zugelassen hat,
und ihre diversen durchstechungen
fortzusetzen. nämlich einfach nur sein,
was anderen das gefühl verleiht, noch
immer wirklich da zu sein, imstande
eben, die antworten zu geben, die
erwartet werden von sopranen des
nun. noten-flipp. flic-flac überm sprachenholm.
holm, steh bei. anbruchs rötröteln. doch was
soll dieses geknüllte geschrei?
artikulation, die gesprochene
akte zu nackter wahrheit degradiert,
zeigt auch blend-a-mund in verzerrter form.
die tagesschausprecherin hat einen
krampf? her herr holm! – gar in ultraviolett,
springen die augen im bild. subito
zusammengerollte gewebe in
studio 1, »in den geschossen gottes«
zwischen den lampen, feuert und lachend
das sprachlose kind.

menschenknäuel, hundekern

morgen hatte die schlacke
der namen im mund
unrund gingen wege
die hügel hinauf, gezogen
gebisse
durch den schalenartig
ineinandergeschobenen park,
ging ich in trance
die hügel sedimente trümmer
was ich angehäuft hatte
die überwucherten haufen
magere moosige minis
entlang, *von geträumtem gesäumte*
plastikwannen fuhren klappernd
in die schuttberge, die
vorräte, meine heimlichen
eßberge ein.

als schlitze gedacht
zu tonnen gefaßt
verfangen sich töchter
in bulimischen planen.
über der schüssel, schluckauf,
schluckab, rechnet mein
automatischer wunderblock
kalorien ab. die hunde lächeln,
verknäuln sich zu boden, sie

kauen an meinen zehen, so
groß und so weiß, sie
lecken mein salz, vorm
haus speichelt der berg,
*als finsternis komm
ich auf dich zurück.*
erdblitze, laufen
seine finger von der spitze
zum see. mutterstimmen
springen über silberkugeln
in geozentrischer umlaufbahn
vor und zurück. schon sitzen
die hunde am tisch. wasser
läuft von mir ab wie von einem
auftauenden huhn. der boden
verknäult meine zehen in
seinem mund. ich flüchte
in den kühlschrank. niemand
erklärt den gästen, wo ich bin.
zischend schlüpfen meine knochen
an den rand. krümle erde von
broccolistengeln in mich hinein.
meine stimme summt
aus dem berg.

bin mein eigener zoo

die assel, das hämmerchen,
fliegender hamster im rad,
koalapaket und lustiges hinkebein,
mücke mit dem verbrauch
eines vampirs, pawlowhund bei lob,
plötzlich boa, um dornen gerollt, morgens
weißes wiesel im schnee, abends
klammeraffe, abgewetzter hummelplüsch
– hitze wölbt die angst, bewegungslos
im bett. wärterin –
zieht spritze auf. mein krummes
schwarzes ich liegt in segmenten,
ameisenhaft stumm, die fühler,
die kiefer zu klein. auch ameisen
wären gern vögel, doch manche
fallen schon als küken vom fels
in den fluß, krokodile
fressen viel, komm doch
raus schwimmen, sagt mutter

techno/dance

nicht dringt (außen)
      wenn dringt (außen)
          haut stülpt sich ein,
der erde entgegen, kaut die haut
im mund, der erde entgegen die
abgeschabten nägel wünsche wunder
: zerkaut. *meine kleine trauernde spinne!*
das außen herrscht durch anziehungswahn,
wie leuchtet die haut nach einem zug
oxygen, wies aus den augen da schlägt,
wählscheibe iris, rotation
ums pupillenrohr

dann liegen sie, dance queens,
von trillernden wänden verklebt,
die noch schaufelnden ventilatoren
zwischen knochen und schopf. rötlich zuckende
fahnen: ecstasylagunen, ketchup die
zungen. aladins lampen – leuchtend,
zerrieben. hängen kelche ala
bastern die kleinen brüste alp
astern, im auskühlraum: weißflügelige
käfer, nach unten geöffnet,
pendeln über endlosem
schlaf.

93

blinzeln atmen flügeln und warten

der gelbhornkäfer riecht
am knotigen geschlecht
der kaktee. eirotation,
links, im schwärmer
rausch, im innern der erde
ein pochender kern, heiß,
zieht durstige venen,
in uns ein, wurzeln,
die zischen und scheun.

wir hören nichts,
regen trommelt aufs dach.
am fenstersims vier mücken
                sie blinzeln
                        atmen
                                flügeln
                                    und warten,
haut des betons, ob sie
springt. die gottesanbeterin
stellt einen flügel auf kante,
messerscharf. der rhythmus
des regens springt darüber vor,
zurück.

die insekten feiern ein fest, tragen
menschenteile, stumpf um stumpf,
klopfen an, schwindel und licht.

94

wir hören nichts. schrecken,
»zirpt«. ein mückenstich juckt.
auf dem beton sitzen die »seelchen«.
      blinzeln
          und atmen
              flügeln
                  und warten,
facettenaugen drehn sich ins holozän.
über die durchsichtige schneide des
messers springen dasein
und nichts.

der gelbhornkäfer riecht
am geschlecht der kaktee.
eirotation, rechts, im schwärmer
rausch. die schneide ist scharf,
minimal.

kaspar hausers unterhose

einen darwin am rucksack
überall sex und seit
neuestem diese buchstaben-
knie? unterscheiden
den menschen also, doch
wovon? 1 unterhose, per
ups (päckchen) sie schilferten
ein paar zellen ab da schossen gleich
die mythen ins kraut: war ers, war ers nicht,
engelwurz schachtelhalm die
knickenden farne ihr silurischer
schleim ja ihr frohes geschlürf
grüner schatten am boden huschte
eine maus es boomte das gen
unterhose kaspar hauser 1 zelle
kicherte im gebüsch *ups*
aus dem rücken der maus
wuchs ein menschliches ohr
und wirklich
ganz ohne fell.

gerötet und
trostlos vielleicht, schweiß
beschlagen schwollen
die alpler, feste brüste,
ping pong, wippten am fels.
steinböcke stakten über gneis,
beinlang alpenlilien hingen
später vom bruch, baumelnd
über granitschub und schotter,
zerschredderte handys,
vor millionen jahren geötzte
flüstern im stein. zitroneneis
schmilzt an der alm. der senner,
der käse, das heu.
gummibälle, pingpong, wippen
träume zu schweiß. geschlitzt
quillt aus dem futter des bettes
in der technik eines fiebers
trinkt schläfen
       schläfen
        wasser,
dieses gemisch aus lebendigen kratzern,
trinkt: september, letzte nacht,
den auftrieb, den abtrieb,
        der fels.
der berg ist der teller, die erde
sein tisch. redet der berg mit
dem magma, klappern die tassen.
ein fossiler farn streckt die

blattrippen im fels. nerven
heulen zeit zwischen eis
und eis –
            herabgestoßenen himmels.
spinnfäden schaukeln
zwischen mure und tal.

er sagt, dass wir in einer röhre gehen
(bukol 1)

auf diesem bukolischen falz,
mitten im feld, verklebt von iso
matten, von pixeln durchwuchert
zeigt halb sich installiert
nämlich im rippenhemd, griffolge
flöte – neben marmor
torsi besetztem
        fluß

        ein folienbild: zwischen glaskammern, zwei
glaskästen zwischen zwei durchsichtigen klammern
einer sich als *ens* noch und eins, ganz,
        als softbox,
        ganz »summende wanne«, im schäfer

        ton. zwischen lachen gelecken,
wie auch als aufgekratzte, das natürliche
sofort krallt sich die locken: *wird das prunktuch*
endlich, endlich *umgetan.* person
erscheint. sie: gewitter!
er: wadenimplantate (togafähig)
ins sprungtuch des hains:
prankenvoll!

(hinter glas 1): ausgepicht,
sie, pochender korb, eskaladierwand
hoch (*oil on perlon over*
            synthetic
            fleece):

zelten. zeltaufbau, -abbruch,
landschaftswahn. das schöne sprudelland,
schwanbesetzt. makkaroni im topf. rippenflöte,
heldenhemd, leichter schweiß, mückenmousse.
anakreon, ein schlag, genannt portion. der stirnhundheulen
fluß. wer noch bei körper ist, der läßt: wetterleuchten –
zeltabbau. schafkot, dunkler rahm am bein. »wannenvoll«.
bukolisch filz, trieft sonnenfett.

hinter glas (2):
            tuberkeltorso, ins
            krokus kriechendes insekt
izid: grüne polyesterhand
streicht aus, streicht aus:

next day, next take, thank you all

stepper

berg unter der erde, hervorbrechen
der allerjüngsten erfahrung entnommene
satzbrocken, berg unterm meer,
betroffen, gefesselt, gefangen, gesteckt –

die leistennaht. mutters nähwerk, mutter
über den stanzboden, steppt mit den metallabsätzen,
tanzt, mit den metallsätzen, mutter im kreuzstich

steppt die näher und abnäher, dort, an der brust,
das sausende rad dieser liebe, der klappende
tisch dieser ordnung, klassisch mutter das muster,

wo wir als diese fasern, die sprechen mit dem,
der sie hört, die es sind, die dich suchen, dir folgen,
wo wir als diese zarten fäden zu bergen wurden,
unerhört, unter der erde wühlender stoff.

forsythien, die knallgelb, noch blattlos, ihr würfeln

das knospen der bäume, was für ein april.
was für ein mageres segnen, kastanien
knospen auf autochrom, was
für ein mageres regnen, knallgelb
die forsythien, was für ein blättern,
für was –

büsche. traueraugen. an
triebe, die los. die nicht.
regen als er hernieder. wie
durch seltsamen wald ging
ich mit den seltsamen weißen
blumen, den zu kleinen füßen:
knöcheltief ein blicken, das
fehlt.

mädchenhöhe, ein
schnitt. forsythie im brust
bereich, hüpfend der pony
vor der stirn – geschnittener
schopf, der gedanke an dich
wenn du wie jetzt dort hinten
winkst, vater, in deiner rinde,
sich näherndes grün.

forsythien, die knallgelb, noch blattlos,
ihr würfeln, vorm waldrand, der kippt.
gelbe streichhölzer, sonst nichts.
touchpad stirn. klickt die lücken
des waldes an. »dich gibt es
nicht mehr für mich«, hast du gesagt.
staub auf dem autochrom. der regen. meine
füße stecken in schuhen, die drücken.
das knospen der bäume. nichts kehrt zurück.

2 gedichte an der elbe

delta ist
wo ein fluss in zwei richtungen fließt
ohne unzufrieden zu sein
flut und fische schlick –
wie bist du 1 kleines licht im
bug des schleppers an einem langen stab
steht wie 1 männchen da
3 heizkörper kleines
hotelzimmer aus
gegossenem styropor
zuckerschnee, fernes tuten, die see.

heizkörper
aufgeschäumtes styropor
zu rosen geformt der geruch
gemangelter wäsche: verkehr
te landschaft
hier: meine knie in
den weißen laken gummiprügel
weichlich und weiß: die angst
                    einzugehen
zu heiß gewaschen zu werden, vielleicht,
oder zu eng zu sein für dieses leben
– die tastenden geräusche am gitter: der malven,
des efeus, unten, im kraut 1

äsendes lämmerpaar: zwei weiße smarts,
der airbustransporter lautlos in der luft
elbe die sinkstoffe
schweben.

für c.p.

endschwammessen

wenn es mir schlecht geht, denke ich an den
schlamm
wenn ich im sand geh, grab ich mich nach unten
ein
aus dem schlamm wühlen sich gestalten
auf
nach jahren auf der kirchturmspitze sehe ich mich
selbst
eine knochige figur, weiß, doch das wäre zuviel
gesagt
mein kopf, groß wie der eines hühnchens im ultra
schall
um den dotter gewickelt, ich fresse ihn
auf
ich färbe mich.

stinkende luftgestalten dringen in mich
ein
die eigenschaften des schlamms ergreifen von mir
besitz
verwaiste gesichter steigen aus meiner
haut
es gibt heiße stellen, geysire. ich lade mich
selbst

in diese form. ein erdiges tier, mit schuppen
                                      bedeckt,
kaut an einem blatt. es ist warm, der schlamm
                                           ist aus fleisch.

meine hände gehen neben meinen
                              füßen
mein bein wird magnetisch wie eine
                              nadel.
die krümmung des verwüsteten
                              bewegt sich,
                              beugt sich,
                              steht auf

stehen und glühen

(holz)

du/da, kleine rede des menschen
nach abschaffung der knochen

des ganzen sonniger schnee
des ganzen somatischer schnee
(wir klauben uns auf). ZINKstück,
schnee. die wirbel mit haut bespannt.
rötlich. wie vogeleier, im schnee, erdknoten,
wie: tief im schnee. nackt, und die knochenzinken
davon bespannt. zartheit, rötelnd

ein schnitt, plötzlich gesetzt, knapp
unter die haut. die sich öffnet, nachgibt,
zu klaffen beginnt. als lausche sie.
vorsichtig klafft, ohne blut. doch auf
gerieben. nicht ohne schmerz. so du –
zwischen den dingen. wenn
nehmend. geöffnet, »gerötet«.
so du. nichts als
da

schneewehen, schnee.
die geknöcherte lyra des kreuzbeins,
nackt (da im schnee) (liegt sie da)
leise mit den chips, die ihr ähneln,
mit dem fallwind (er summt an ihr,
öffnend) von weit her fall-out,
von wie »zurück in die zeit«
– strahlender schnee.

monitoring

im vergleich zu uns alt
gesprungener lack bohlen
weich verschmiert im vergleich dazu
wir, kernchen, hüllenlos.
dünne haut überm lack
des denkens und ichs –
verwohntes parkett – ich kratze
mit bloßer hand, bohle um bohle,
rutsch ich auf knien voran,
lösungsmittel, im vergleich zu mir
teuer schnüffel ich
unterm schädel begriffe
ab, atme
leicht bin lebe
jetzt hier, um glücklich
zu sein   boote ich

abends das notebook hoch. schwärme
unbekannter vögel
polyvalente apparaturen,
gleichmäßig, geometrisch, präsent
überm balkon saugen aus
der fuge im kopf
gedanken, lösen sich auf,
an, wachsen, stürzen, herab?
handeln das einsatzgebiet: horch,
nachts die bohlen, geschliffen, nackt

chatten mit dem metall über
mir, in mir, chips, im vergleich
zu uns konkret, mein
gehirn abstrakt im vergleich
von mir zu mir selbst. stelle
es mir chip nur vor etwa dass
ich denke dachte ja bloß   um glücklich

zu sein, ein dicker käfer,
die blauen flügel angelegt kriecht
durch mich hindurch die schalen
der begriffe hängen lose herab
der käfer klickt mit seinem
fühler das bombenfeld an. mit links,
fühler, die bomben. er sprüht,
nicht ich. cyborgs gleiten
durchs bild, *human target,*
handle with care

wespenkasten *cri cri*

gestern die ameisen. alle
auf einmal. wo sie aus den
spalten krochen ringelten sich
schwarze nylons mit beweglichen
silbernähten, die flügel. alle auf
einmal. wie machen sie das?
im laptop wespenmodell, 3D
stacheln, festgestellt. ich esse
allein. der tamagotchihund
schläft. hak mich im bildschirm ein.
durch meine taille schlüpft
nichts. manche sagen,
es gäbe eine 5. dimension. wir
verstehen nicht einmal den fleck
an der einschnürung zwischen
vorder- und hinterleib. »wespenkasten
cri cri«. blaues leuchtlicht hinter
den scheiben. sommer.
wer dagegen fliegt,
brennt.

zoom ins moos

schon ein reißverschluß wäre
eine erlösung. den rücken auf oder hin
ein, der auseinanderklaffende
mit dem reißverschluß geöffnete rücken,
bis in den letzten wirbel, wäre er
weiß, verletzlich und nackt.
als hellschalige reste kämen wir an,
kämen bald zum knacken der gräser,
            sirren des sandes
im grauen weg: schwimmende axone
            auseinanderrutschende glieder –
käme hinzu: der wunsch nach dem eigenen
verbrauch. denn nur durch abrieb entsteht
jenes rieseln, an den dünnsten membranen,
rauschend im letzten geöffneten knorpel:
            das endlich gehirnlose ohr –
überwuchert im moos, schimmerndes weiß
verborgen unter farnblättrigem grün
wächst der geheimste trüffel des waldes
jenes reiben/aufreiben, das bewegung erlaubt
und dichte als zunge: ein abglühen
zu-keinem-ort: im organlosen körper,
das entkörperte wort.

post dolly

doppelhelix, »natürlich«, ach so
        lar ach so
nar strömendes »lamm«
come, beam me up
planeten sind kugeln
umrankt mit geräusch.

wir stehen darunter.
der regen ist warm.
ein welpe steckt den kopf
durch den balkon der
blumentopf über ihm schwankt
schwalben sprühen davon
sprühen in
die glitzernde sonde
der stadt.

auf der anderen seite der
erde – *come, screw me up* –
fällt eine kolonie käfer
in einen baum. millionen
leuchtender käfer,
kette aus lichtern, ein
baum. die äste. der baum,
ein geräusch, in der nacht. unser körper,
bäume ineinandergesteckt: adern, nerven
ein flattriger ball. wir

leben und sind. satelliten
weiße kugeln, schnell. wir
aber stehen und glühen. fallen
und. der baum schwebt.
beam me up, believe me:
you! hier ist
nichts. wir summen
und gehen. licht treibt
voran. »die oberfläche der
erde ist.« man müßte sie nur.
unser körper glimmt im netz
der sprache und staunt.

insekten klonen sich.
wußtest du? wir
summen und glühen. komm:
wir sind. oder denk
: wir werden sein
bis wir einfach
sind

zu flügeln
geschlichtetes licht.

kneipe in frau

(fußballgedicht)

was tun. nichts tun.
huckebar. die voll,
barock (hüftenvoll) die
beckenbar, bald huckebindenfest.
babyurin in werbung blau. morgen
geht was ab. ultrasonic flattering.
morgensonne geht herein. was nichts tut
leistet an. kölperharft. gerings.
bind dich ein. scannerschuh (ein tor
will immer toren gehn) der »hummertisch«
(grün) klafft ständig auf, kugelhummer, zick
genäht, die lippen auch. gebirgsnaht
von außen steht als sie
von innen da. papst jetzt erdenkuß,
hauchensvoll, jüxt, jüxt. schlupflidschnell,
ganz tierkokon, der ball der rollt: »homertisch«,
grüner rasen, kreidestrich. fähnchenwärter
auf fähnchen geschnallt. fähnchen uns
so. drunter dax-verband. das unglück, ja,
nickt, lächelt, katastropht. wie schön,

gesagt, ach so. wir rinden an. heiterkeit.
ach nein. dass ein frau ein fahrwerk hat.
splitterbild, splitterfaser, nacktgespleißt.
weiche schnellt (reporterin), fröhlich
sammeln pfarrer rück/gesicht. trockenblut,
bald hauckenvoll. der spielrische anpfiff
jetzt.

... is real killing you?

                                          fahr zu mir
auf der erde entlang. erde. dass wir daraus wachsen,
schrötig, komplex, hätte wer gedacht. wir fahren
doch. autobahn, wald, schilder wie wimpern
am rand. kompaktes info, touristisch himmelland,
pudding der rest. im fond die
prüfbodies, 10 meter vorm katapult,
winken noch, die kinder, winken,
this treck, my dear, is real kidding you.

am menschen die haken

und
die schnellen
und immer wieder
die kirschstiele, das kirschfleisch
die schleudern und immer wieder
die automatenschnellen, die schleudertraumata,
immer wieder seile schnüre,
die schorfen der körper, platzender stiel.

lampen leuchten,
laufen im kreis, rot
wie die abstrahlenden bäume
die von hinten beschichteten
zähne, fahrtwind, fliehkraft,
eine wirklichkeit nebenan
die sich langsam herüberlehnt
berechenbar wie der vorsprung
der schildkröte vor achill
geschmiegt in die kurve
der aus der maschine
schnellende kern

rotation helikopter
horizonte leuchten,

laufen im kreis
über einer stelle, die wie
unter wasser liegt

immer wieder
die rotierenden flügel der insekten
die insektenbestäubungen
der kirschen, die helikopter und
immer wieder das summen der schleudern,
wegspritzende steine, und
immer wieder wie schorfe sekrete
die körper,
rotierende kommas
rot in die
luft gehakt, und
immer wieder
die kirschbäume am
leitplankenrand, blühend
die weißen flächen
des nichts.

nackt ist die wahrheit, doch unter ihr
liegt das muskelrelief

rase nur noch kleine phantomburgen ab,
kalthängende euter, in ritzen geschlagenes
gesicht: die aprilwiesen, dungprall beschmiert

besinnungslose hälse, das renken davon.
hände verkleistern die aller
genen, die allerheiligen wiesen,

ein singendes ammonshorn,
zwischen elektrischen zäunen, den laken
erscheint der weg durch den wald,

gewürzt mit komatösem staub
gerückt in die winzigen pforten
der nacht zerfasert von schnelligkeit

dämmern wir auf, im gesicht
eines tiers, ins kissme
t der farne gesteckt, gene

tische schaukeln
aus proteinen sprache
ins leere gereckt

stoffen

wie bäume schmecken
und dass wir vögeln so nahe sind
(die mögen das auch) (kirschen, beeren)
dass bäume so unterschiedlich schmecken
sich für klein oder groß entschieden haben
– und was an süßer feuchtigkeit
und zahl der kerne zwischen kirschen
und birne
liegt
und dann die ragenden (klüftenden
                als wärs in einem wettbewerb, berge)
und birnbäumchen dazu (so klein) (auch die feldhacker)
und warum die johannisbeeren so
sauer, die kirschen so süß (die vögel
fressens ja doch), und sie wachsen
in bündeln (beere und kirsche)
(die birne nicht) aber doch unterschiedlich
gereust (mit kopftüchern stehen sie da)
mehr wasser oder mehr dichte
so wachsen sie (für die vögel?, für uns?)
denn wer säh die festigkeit der birne
dem baum an, so viel kleiner als die kirsche (die
aber mit ihren hängenden blättern)
wie er festes schiebt und
gehäuse im gehäuse baut, für den wurm, der
die birne fördert, wie den apfel,
aber die kirsche nicht – ist sie also eher

luft? (wobei der verdacht, dass wir
aus der sicht der bäume nur, wie vögel,
samenverbreiter sind) – und die roten
eine eigene gruppe, wie bei ihnen die ästchen
und gezackten blätter auch der johannisbeere
aus säure wachsen, in süße schieben,
grünes dessous über lackierter haut
ja, die häute, bei allen (die der kirsche
am zartesten, daher nicht für den wurm, sondern
für bakterien und dass also wir wie vögel
und bakterien einfach samenverbreiter sind)
und die häute – bei allen – die (so
schnell der sommer) der sonne entgegen
platzen –
      ganz kleine bäumchen
      werden, wieder, aus licht

Anmerkungen

Holz, Feuer, Erde, Wasser und Metall sind die traditionellen
Elemente der Akupunktur. Luft »ist fremd« und fliegt hin-
aus.

du mich nachts: Peredelkino, ein russischer Ort in der
Nähe von Moskau, der auf Vorschlag des Schriftstellers
Leonid Leonow von Stalin in eine Art Datschenheim für
Dichter verwandelt wurde. Es galt als Privileg, dort eine
Datsche zugewiesen zu bekommen, konnte aber schnell ins
Gegenteil umschlagen. So wurde etwa Isaac Babel, der erst
im Winter 1938 nach Peredelkino gezogen war, dort im
Sommer '39 verhaftet und '40 in Moskau zum Tode verur-
teilt. Boris Pasternak verbrachte die Jahre vor seinem Tod
(1939) in Peredelkino. Er ist dort begraben. Die eigene Be-
erdigung träumte sein lyrisches Ich bereits in dem Gedicht
Im August. Ihm sind die Verszeilen *leuchtete ingwerrot / der
wald wie pfefferkuchen* entnommen. I tolko i tolko on gowa-
ril o smerti (er sprach nur und nur vom Tod) entstammt
einem Interview mit einer alten Bewohnerin von Peredelkino:
sie spricht hier von Leonow, der es verstand, sich mit Stalin
gutzustellen bzw. sich ihm zumindest zu entziehen und zum
Zeitpunkt des Interviews (1994) als sehr alter Mann einsam
in Moskau lebte. Auch Arsenij Tarkowskij (Vater des Regisseurs
Andrej Tarkowskij), ein bemerkenswerter Dichter, hielt sich
bis zu seinem Tod 1989 in Peredelkino auf. Das an seinem

Grab geplante kleine Denkmal wurde nie ausgeführt; nur ein paar rostige Nägel sind zu sehen.

Das russische »ja«, geschrieben Я, ist sowohl Buchstabe des kyrillischen Alphabetes als auch das Wort für »ich«.

Bis heute wohnen einige Dichter in dem Werkshaus von Peredelkino, das in ein Künstler-Pensionsheim verwandelt wurde. Das 1917 enteignete Herrenhaus in der Ortsmitte wird als Sanatorium für Kinder genutzt.

parzival: Der mittelhochdeutsche Name *Parzival* leitet sich vom französischen *Perceval* ab und bedeutet soviel wie »durch etwas hindurch«-brechen, etwas mitten hindurch queren.

pissblumen: Der Titel dieses, nach Silbenzählung und Strophenform archilochischen Gedichtes, bezieht sich auf Helen Chadwicks Kunsthappening *pissflowers*. Chadwick ließ einen Mann und eine Frau in gefrorenen Schnee urinieren und grub aus, was sich ergab. Bei dem Mann eine kreisförmige, eher flache Scheibe, bei der Frau ein tief nach unten reichender, schmaler Zapfen. Diese schmelzenden *pissflowers* leuchteten im Licht wie weißgelbe Lüster. Auffallend war, dass Mann und Frau jeweils Formen produzierten, die an das andere Geschlecht erinnerten.

slagerswinkel: Das Titelwort ist niederländisch und bedeutet ›Metzgerladen‹. Dort gibt es *tote vinken* zu kaufen, zu denen Berliner ›Buletten‹ sagen würden. Muntplein ist der Name eines Platzes in Amsterdam. Dort kann man natürlich auch mit spijs, einer Mandelmasse, gefüllte Teigwaren erwerben. Jij und je sind Beugungsformen von ›du‹.

visby: ›raukar‹ nennen die Schweden die bizarren, durch Auswaschung entstandenen uralten Gesteinsformationen an der nördlichen Ostküste Gotlands.

meine lieben alpen: Sonic Hedgehog tauften Wissenschaftler eines unserer HOX-Gene. HOX-Gene gelten auch als Supergene, weil sie steuern, welche anderen Gene zu welchem Zeitpunkt der Embryonalentwicklung an- bzw. ausgeschaltet werden. HOX-Gene, beim Menschen sind es 38, sind zuständig für die Differenzierung des Körpers in verschiedene Segmente, etwa Kopf, Rumpf, Arme und Beine. Araukarien sind eine Nadelbaumgattung. Ursprünglich aus Südamerika, Australien und Ozeanien stammend, sind sie heute auch in Südeuropa zu finden. Die in Quirlen stehenden Äste zeigen dieselbe Farbe und Materialkonsistenz wie die Nadeln. Die Bäume sehen aus, als wüchsen aus dem Stamm in symmetrischer Anordnung seltsam blaßgrüne, mit ebenfalls blaßgrünen Spikes besetzte Gummiarme, die sich in größeren Spiralen um sich selbst drehen. Eher Punk-Plastik-Christbäume nach Weihnachten als lebendige Biomasse, möchte man denken.

a, b, photon c: Die Unmöglichkeit, als Teil eines bewegten Systems ohne äußeren Referenzpunkt zu bestimmen, ob das System sich bewegt, wurde zum Ausgangspunkt der speziellen Relativitätstheorie. Sie führte Einstein u. a. zu der Annahme, dass Licht sich mit der konstanten Geschwindigkeit $c = 300\,000$ km/s bewegt.

Ungewöhnlich daran ist vor allem die (behauptete) Konstanz der Lichtgeschwindigkeit. Normalerweise addieren sich Kräfte und also auch Geschwindigkeiten. Wenn etwa jemand mit 5 km/h in einem ICE in Fahrtrichtung zum Speisewagen geht, und der ICE 200 km/h fährt, so bewegt die Person sich mit 205 km/h voran. Sperrt man jedoch Licht in einen Wagen, der mit 160 000 km/s durch den Raum rast, so bewegt es sich nicht mit 460 000 km/s., wie zu erwarten wäre, sondern weiterhin mit c. Dieses merkwürdige Verhalten von Licht hängt mit seiner Doppelnatur zusammen: es ist Welle und Teilchen, springt zwischen beider Eigenschaften hin und her. Solche »Teilchen-Wellen« heißen Photone.

herr des dicken haars: Feld und Feldkenner werden in buddhistischen Texten häufig für »Körper« und »Seele« gebraucht.

kaspar hausers unterhose: 1996 wurden einige Hautzellen aus einer angeblich von Kaspar Hauser getragenen Unterhose entnommen und zur genetischen Analyse in ein Labor geschickt. Das Ergebnis: Kaspar Hauser ist nicht mit heutigen Vertretern des badischen Fürstenhauses verwandt.

Einige Zeitungen bedauerten damals, dass die genetische Analyse nun den Spekulationen über Kaspar Hausers rätselhafte Herkunft ein Ende setze, die kulturelle Mythenbildung also beschränke. Daran ist allerdings zu zweifeln.

Eine Maus, der ein menschliches Ohr auf den Rücken gezüchtet worden war, erregte bereits vor dem Klonschaf Dolly Aufmerksamkeit. Sie war Teil einer Forschungsreihe zu transgenen Tieren.

wespenkasten *cri cri:* Manchmal in Bäckereien aufgestellte Kästen, die durch blaues Licht die ums Gebäck schwirrenden Wespen anlocken. Die Tiere fliegen gegen die Lichtröhre und verbrennen daran. Man hört sie brutzeln, riecht auch das verbrannte Chitin. Viele sterben nicht gleich, sondern winden sich unten auf einem Rost. Auf dem Kasten ein Logo mit dem Namen der Herstellerfirma bzw. des Produktes: cri cri.

nackt ist die wahrheit: Das Ammonshorn ist Teil des Großhirns bei Menschen und Säugetieren. Es liegt im limbischen Lappen, der der Verarbeitung von Geruchsempfindungen dient sowie unser emotionales Verhalten und Gedächtnis beeinflußt.

Inhaltsverzeichnis

Der Verlag weist ausdrücklich darauf hin, dass im Text
enthaltene externe Links vom Verlag nur bis zum Zeitpunkt
der Buchveröffentlichung eingesehen werden konnten.
Auf spätere Veränderungen hat der Verlag keinerlei Einfluss.
Eine Haftung des Verlags ist daher ausgeschlossen.

MIX
Papier aus verantwortungsvollen Quellen
Paper from responsible sources
FSC® C105338
FSC
www.fsc.org

Die für dieses Buch verwendeten
Papiere sind FSC®-zertifiziert

3. Auflage
Originalausgabe
© 2001 Luchterhand Literaturverlag in der Verlagsgruppe Random
House GmbH, Neumarkter Str. 28, 81673 München
Umschlaggestaltung und Konzeption: R·M·E
Roland Eschlbeck/Ruth Botzenhardt
MK · Herstellung: wag/BoD
Printed in Germany
ISBN 978-3-630-62004-6

Ulrike Draesner
kugelblitz

Gedichte, 2005
96 Seiten

Der neue Gedichtband von
Ulrike Draesner über das kostbarste
menschliche Gefühl und über die
Schauplätze, zu denen es führt:
lieben, kriegen, später. Mit großem
Bildreichtum, mit frappierender
musikalischer Intensität loten
Ulrike Draesners neue Gedichte
die Möglichkeiten sinnlichen
Sprechens aus.

»Diese Lyrik macht den Leser reich.«
    Frankfurter Rundschau

).
Sammlung Luchterhand

Lawrence Ferlinghetti
A Coney Island of the Mind
A Far Rockaway of the Heart

Gedichte, 2005
272 Seiten

Aus dem Amerikanischen
von Klaus Berr

Mit **A Coney Island of the Mind**
wurde Lawrence Ferlinghetti 1958
zum populären Klassiker amerikanischer
Gegenwartslyrik; seine subversiven
freien Verse fanden weltweit mehr als
eine Million Leser. 40 Jahre danach
bläst er der Welt noch einmal den
Marsch - in **A Far Rockaway of
the Heart**. Lawrence Ferlinghettis
bedeutendste Gedichte sind in dieser
Leseausgabe zum erstenmal vereint,
die meisten sind zum erstenmal auf
deutsch zugänglich.

).
Sammlung Luchterhand